LE MOUVEMENT ITALIEN

VICTOR-EMMANUEL

ET

GARIBALDI

Par M. Charles Bataille

PARIS

E. DENTU, LIBRAIRE-ÉDITEUR

PALAIS-ROYAL, 13, GALERIE D'ORLÉANS

1860

MONSIEUR FRANÇOIS CRISPI

SECRÉTAIRE D'ÉTAT DU GOUVERNEMENT SICILIEN

PROMOTEUR DE L'EXPÉDITION DU GÉNÉRAL GARIBALDI

EN SICILE

I

Saint-Germain est le plus charmant pays des environs de Paris. Presque uniquement habité par des Anglais, il offre un véritable refuge contre les maladies chroniques des bronches et contre les épidémies transitoires de la politique. Les Anglais, cités ci-dessus, font profession, il est vrai, d'une grosse admiration à l'endroit de lord Palmerston et d'un invariable enthousiasme vis à vis de Sa Très Gracieuse Majesté la Reine Victoria; mais cette admiration et cet enthousiasme sont tellement passés dans les mœurs des insulaires qu'ils ne dérangent plus personne; au demeurant, les meilleurs fils du monde, excellents cavaliers et nullement prolixes, ils représentent l'idéal du voisinage pour ceux qui cherchent le recueillement, la vie contemplative et qui sont poursuivis par l'horreur de cette trépidation permanente, odieuse, banale, que l'on appelle le mouvement parisien.

A ce titre — et pour mille excellentes raisons trop longues à énumérer — Saint-Germain est devenu, en cette année de grâce 1860, le refuge d'une pléiade d'auteurs dramatiques, de romanciers, de critiques, de peintres en quête de larges effets de forêts, d'artistes de tout genre, en deux mots. Dire que ce monde, qui vit en dehors de ces piétinements que l'on prend pour une marche accélérée vers l'avenir, en dehors aussi des tumultes de la foule, en dehors surtout des inquiétudes demi-lâches des parvenus, dire que ce monde-là fuit aux approches d'une discussion politique comme aux approches de la peste, ce serait, à coup sûr, chose inutile, et nous n'insisterons pas sur ce point.

Si fort pourtant que l'on se retranche dans l'étude absolue de son « métier », si hermétiquement que l'on verrouille ses portes et que l'on ferme ses fenêtres, une heure arrive où les hautes questions de nationalités qui agitent l'Europe depuis un an pénètrent, malgré vous, dans votre sanctuaire, s'adressent à votre impartialité et vous tourmentent, et vous inquiètent, et ne vous laissent plus un instant de repos. Sans parler du journal quotidien qui vous apporte, sous ses plis, comme une odeur de poudre mêlée aux âcres parfums de l'imprimerie, les cris des peuples indignés vous arrivent dans l'air, dans la pluie, dans le soleil, — dans la boutique, dans la rue. La Nature — l'impassible Nature elle-même — s'en émeut, et les marchands du quartier vous interrogent sur les destinées futures de l'Italie.

Celui qui écrit ces lignes a renoncé de vieille date à la régénération des sociétés modernes; il a reçu de tous les côtés des douches d'eau froide qui ont singulièrement attiédi les effervescences des jeunes années. Mais, je viens de l'avouer, il est de ces rumeurs qui percent les murailles et s'emparent de vous derrière le retranchement des livres aimés, des pièces cherchées, des préoccupations purement littéraires, qui vous étreignent et vous ramènent dans la vie militante.

Le nom de Garibaldi, le roman bizarre de cette existence sans précédent, cette inquiétude faite d'aspirations, cette volonté de fer assouplie par toutes les noblesses des affections humaines, cet aventurier, ce *brigand*, cet homme extraordinaire, ont remué le monde depuis deux mois. La Bourse s'en inquiète, la diplomatie cherche en vain des explications finassières à donner de ce type imprévu, les femmes se passionnent, la jeunesse de tous les pays court s'enrôler sous ses drapeaux.

Certes, plus qu'homme au monde, je me suis raidi contre l'engouement général. Je voyais dans ce caractère exceptionnel un merveilleux héros de roman, et je le suivais à ce titre, pour ses prouesses et sa vaillantise, sans grande préoccupation des résultats obtenus. Puis, un matin, la calomnie bête, la calomnie haute en lard, qui lit avec des lunettes, juge avec les préjugés et condamne avec la peur, la calomnie couarde des vieux partis, — j'entends *des très vieux partis*, — s'est prise à soufflcter cette grande physionomie. De ce vainqueur qui, maître d'un des plus beaux pays du monde, dort sous une tente et dîne du pain de munition, on a voulu faire un ambitieux, un Attila, et, — ceci était plus fort, — une seconde édition du Croquemitaine légendaire. Je me suis mis en colère.

Voici dans quelles circonstances. — Notez bien que je raconte un épisode et que je ne monte point en chaire, ni dans celle-ci, ni dans celle-là.

J'ai pour voisin le plus charmant sexagénaire qui se puisse imaginer. M. des Baliveaux, — c'est le nom de ce vieillard, — est né quelques années seulement avant le siècle. Il porte encore à l'heure qu'il est la redingote à carrick, le chapeau gris à bords relevés qui va se gonflant du centre au fond, la cravate de couleur claire dans les vastes plis de laquelle le menton bien rasé s'englobe et s'épanouit. Son pantalon est presque collant et de nuance attendrie. Son gilet est zébré horizontalement de raies brunes sur un fond jaune. Ses favoris forment le croissant et se dirigent vers la bouche avec une certaine crânerie qu'atténue leur couleur grisonnante, qui rappelle celle des queues de lapin. Ce brave homme, très lettré d'une certaine façon, très bien élevé, très grand seigneur de geste et de langage, adore la société des artistes. Fils d'un fournisseur du premier Empire, élevé par son père dans le culte du géant de *Waterloo*, par sa mère issue d'une vieille famille de robe, initié aux élégances de la cour de Louis XV, il a résumé les leçons de sa jeunesse dans « le culte des dames » et le respect de l'autorité. De l'autorité, prise comme thèse générale, à *l'autorité légitime*, il n'y a guère qu'un pas ou deux. M. des Baliveaux a fait une pirouette comme feu Garat, et s'est trouvé comme cela, sans effort, sous le règne de S. M. Louis XVIII, un des chaleureux partisans de la légitimité « par la grâce de Dieu. » Tel qu'il est, — ou du moins tel que je le devine, — ce vieillard agréable, galant et plein d'aménité, représente assez bien l'ancienne société française. Nos gentilshommes, prenez-les de la plus vieille souche, commencent, en effet, à porter leur deuil des envahissements du peuple. En 1830, la bourgeoisie leur répugnait; cette classe, qui vit de lucre et de chiffres, choquait tous leurs instincts natifs. On peut être mécanicien et sentir le charbon de terre, mais être épicier et sentir le suif, c'est une autre affaire. Donc, ils se rapprochent du nouvel état de choses. Encore quelques années, et leurs fils auront compris que la noblesse de naissance a besoin de se greffer sur la valeur personnelle, et le grand problème de la fusion des classes sociales sera résolu. Pour le moment présent, ce serait trop demander : il faut laisser quelque consolation à cette société qui s'en va le sourire aux lèvres. Ils ne demandent que la liberté de l'épigramme : on la leur refuse, mais ils n'y renoncent pas pour si peu! J'allais oublier : avec la liberté de l'épigramme dont ils entendent se servir contre les pouvoirs nouveaux, ils voudraient bien imposer à la nation la plus sceptique de la terre la vénération des pouvoirs tombés et le respect des pouvoirs chancelants. Voilà qui part de la religion du souvenir, religion qu'il faut respecter, mais n'épouser que comme on épouse les vieilles femmes, — avec l'engagement formel de leur part de mourir la nuit des noces.

Depuis longtemps, M. des Baliveaux, entre un air d'Elleviou et un ressouvenir des gaillardises du Directoire, cherchait à me ramener aux saines traditions. Je laissais faire cet excellent bonhomme, sans m'engager, mais sans trop de résistance à l'encontre de ses théories : je ne souhaitais pas sa mort la nuit des noces, n'éprouvant aucun entraînement vers le mariage, — surtout vers le mariage politique. Nos relations étaient des plus affectueuses : j'étudiais, dans la mémoire de ce narrateur bienveillant et spirituel, l'époque complexe du premier Empire, où l'on célébrait des Iliades gigantesques avec des harpes, des guitares et des vers de huit pieds, dont les rimes demandaient l'aumône aux quatre coins du couplet.

Hier soir, — était-ce un effet de cette pluie qui tord les nerfs et pousse les meilleurs cerveaux aux coups d'épingle de la discussion? — il faut le croire!... M. des Baliveaux, entre deux verres de vespétro pris au pavillon Henri IV, me jeta brusquement à la tête le vilain qualificatif de démagogue.

— Ah! pardon! raisonnons.... m'écriai-je.

— Raisonnons! je ne demande pas mieux, répondit-il en tirant de sa poche un numéro tout frais de la *Gazette de France*.

II

M. des Baliveaux, comme épuisé par l'effort qu'il venait de faire pour me lancer une si grosse épithète à la tête, se laissa tomber sur une chaise et s'éventa avec son journal.

— Ah! tenez, fit-il, avec une certaine tristesse dans la voix, les grands principes s'en vont!... et j'aurais peur, si je n'étais trop vieux pour m'occuper de la nouvelle carte d'Europe.

— Quels grands principes, s'il vous plaît?... Je vous confesse que, vivant en dehors des phrases toutes faites en usage dans les protocoles diplomatiques, j'aime assez à me fixer vite, vite, sur la valeur des mots. Je devine pourtant ce que vous entendez par LES GRANDS PRINCIPES : la passivité des gouvernés et le libre-arbitre des gouvernants. Je vous confesse que je les trouve, la plupart du temps, tout petits, tout petits, vos grands principes qui mettent des millions de corps, d'âmes et d'intelligences à la merci d'une volonté sans contrôle. Ces questions-là ne sont guère de mon ressort; mais on abuse trop, vis à vis de nous autres, des lieux communs vulgarisés par M. Prudhomme. Qu'un littérateur, qui vit dans le contact permanent des belles choses et des nobles conceptions, s'avise de discerner le juste et l'injuste, — le beau et le laid, si vous voulez, — dans une question sociale, on le renvoie à sa lyre quand il est poète, à Mlle Caroline quand il est romancier. La lyre et Mlle Caroline nous suffiraient peut-être, mais, à chaque minute, voilà que vous jetez les hauts cris et nous arrachez à nos études. Voyons, une bonne fois, finissons-en tous les deux! De quoi s'agit-il? Qu'avez-vous à crier si fort?

— Parbleu! argumenta M. des Baliveaux en froissant la gazette qu'il tenait à la main, — vos révolutionnaires en font de belles en Sicile, et vous êtes bien venu, vous que je sais doux de tempérament, à tenter ainsi leur apologie.

— Quelle mouche vous pique ? lui répondis-je.

Mais lui, sans écouter mon interruption, continuait :

— C'est la fable de La Fontaine, *la Lice et ses Petits*. Le bonhomme a toujours raison :

> Laissez-leur prendre un pied chez vous,
> Ils en auront bientôt pris quatre.

On leur a fait cependant la part belle, il me semble ; mais ces messieurs ne sont pas contents, et ils ne s'arrêteront que lorsqu'ils auront révolutionné toute l'Italie !

— Je l'espère parbleu bien !

Cette phrase, administrée en manière de douche, fit bondir mon interlocuteur comme ces masses d'eau froide qui, dans les bains russes, tombent sur le corps en sueur du patient.

— Que dites-vous ? balbutia-t-il tout effrayé. C'est donc une révolution générale que vous désirez ?

— Sans doute, — pour l'Italie. — Mais avant d'aller plus loin, qu'entendez-vous par une révolution ?

Mon voisin, qui avait quelque rhétorique, arrangeait sans doute sa phrase dans son cerveau, car il ne me répondit pas tout d'abord. Le silence menaçait de se prolonger d'une façon gênante ; je me décidai à le rompre.

— La révolution, mon cher monsieur, n'est pas ce fantôme terrible que vous avez rêvé et dont vous vous effrayez à peu près de la même façon que les enfants des contes de leurs nourrices. — Quel est le résultat le plus funeste que puisse produire une révolution ? — La guerre civile, n'est-ce pas ?

M. des Baliveaux fit un signe d'adhésion accompagné d'un sourire narquois gros de mystères.

— Je suis bien de votre avis. Lorsque les partis divisés et combattant chacun pour une nuance d'idée font d'un pays les champs clos de vingt opinions différentes, alors, certes, la guerre civile est un fléau, et je vous le concède de tout cœur, car personne ne peut en prévoir l'issue ni le terme. — Vous êtes un érudit mythologique et devez connaître la vieille fable de l'hydre de Lerne. — Il se trouve toujours une tête hostile levée contre le parti vainqueur, et cette tête coupée, une autre se dresse. Mais est-ce là, réellement, le cas qui nous occupe ?

M. des Baliveaux dessina un mouvement d'épaules qui semblait incliner vers l'affirmation.

— Ce n'est pas mon opinion, ajoutai-je péremptoirement.

— Je voudrais bien savoir vos raisons ?

— D'abord, je ne vois pas de guerre civile en Italie, je n'y vois qu'une guerre nationale.

— Mais, le roi de Naples?...

— Le roi de Naples est vice-roi du cabinet de Vienne. — Cependant, comme je ne veux pas absolument vous déplaire, admettons que nous ayons affaire à une véritable guerre civile.

— Oui, admettons! ricana M. des Baliveaux, vous êtes bien honnête...

— Dans votre hypothèse, je vous ferai observer, par cette lutte quotidienne de la partie opprimée de l'Italie contre la partie oppressive, un symptôme qui ne s'est jamais encore manifesté au milieu de ce que vous nommez les révolutions. — Dans les révolutions, n'est-ce pas, tout est désordre; — les passions individuelles déchaînées tirent chacune dans leur sens et se harcellent réciproquement, comme des chevaux de forces diverses qu'on attellerait aux extrémités opposées d'une charrette. Le plus fort finit par entraîner la charrette et les cadavres des concurrents. La guerre de l'indépendance italienne, au contraire, nous présente le spectacle d'une merveilleuse unité. — Chacun a mis bas ses préjugés, ses antipathies ou ses sympathies pour travailler à l'œuvre commune. Toutes ces forces si différentes convergent vers le même but : la fondation d'un État indépendant et autochthone. — De la forme du gouvernement, on se préoccupe peu, pourvu que l'on parvienne à mettre totalement l'étranger à la porte et à relier ensemble toutes ces principautés peut-être ambitieuses en sens divers, mais qui ressemblent assez à nos préfectures, lesquelles, divergentes d'intérêts, vivent en parfaite harmonie sous une même autorité.

— Enfin, ils veulent détruire l'ordre établi, et à ce titre, malgré tous vos beaux raisonnements, ce sont des perturbateurs de la tranquillité publique.

— Certes! répondis-je en riant. Et, entre mes dents, je fredonnai :

> Cet animal est très méchant,
> Quand on l'attaque il se défend!

— Oh! vous allez vite en besogne, vous! s'écria M. des Baliveaux avec un dépit joué qui cachait un secret contentement, et je vous reconnais bien là : en discussion comme en littérature, tout finit par des chansons!

Cette observation me piqua d'amour-propre, et je repris avec une animation nouvelle :

— Voyons, mon cher monsieur, parlons sérieusement, je suis à vos ordres; parlons même histoire, si la chose vous convient. Que pensez-vous du roi Louis XI?

— Du roi Louis XI?...

Mon interlocuteur raffermit son binocle d'écaille pour regarder si je devenais fou.

— Oh! nous sommes un peu loin de l'Italie, sans doute, mais nous allons y revenir tout à l'heure. Tout chemin mène à Rome, — et à Naples aussi!

— Eh bien! répondit mon voisin avec emphase, pour vous prouver que j'appartiens, malgré ce que vous nommez mes préjugés, à l'armée du Progrès, je vous dirai tout franc mon opinion. Je ne partage pas sur Louis XI les idées de M. Casimir Delavigne. Elles sont exposées en très beaux vers...

— Oh! pour de beaux vers, je n'ai rien à objecter.

— Mais, à mon sens, Louis XI est un grand homme.

— Et, au besoin, l'iriez-vous dire à Rome?

— Il combattait pour l'unité française, continua le bonhomme avec feu. Notre belle patrie divisée entre vingt roitelets était sans force contre les tentatives extérieures. C'était une réunion de provinces, rien de plus, et il en a fait un royaume.

— Fort bien; vous êtes pris!

— Comment! je suis pris?

— Sans doute!... car vous avez jugé sainement, n'y étant point momentanément intéressé, une question déjà si loin de nous. Règle générale : lorsque vous voudrez vous faire une opinion impartiale sur les événements politiques contemporains, cherchez-leur une analogie dans les siècles passés. — Là-dessus, suivez-moi : le mouvement dont Louis XI a été l'instigateur, et dont vous lui savez gré à fort juste titre, est intégralement le même que celui qui agite aujourd'hui l'Italie.

Parce que nous sommes constitués, nous, Français, liés par la langue et par des mœurs identiques, en nation, est-ce une raison pour que l'Italie, qui, elle aussi, est *une* de mœurs et de langage, ne s'affirme pas enfin à la face du monde? Nous avons lié nos faibles faisceaux, et nous en avons fait un fagot d'un joli format et d'une belle résistance. Eh! pardieu! puisque nous avons fait notre fagot, laissons bûcheronner les autres selon leurs besoins. Du reste, nous voudrions en vain nous y opposer : en pareilles matières je suis fataliste, et le grand mot des mahométans : « *C'était écrit!* » me semble d'une vérité absolue, d'une vérité constamment prouvée par les événements. Quand les nations sont mûres pour l'indépendance, rien ne saurait les empêcher de se constituer. Malgré les luttes intérieures, elles deviennent unitaires comme par enchantement. Tous leurs efforts tendent vers le même but, ainsi que j'essayais de vous le prouver tout à l'heure, et, pardonnez-moi la sénilité de l'image, elle est juste autant que vieille : Vouloir se jeter en travers d'un torrent qui rompt ses digues, c'est vouloir se faire emporter par le torrent.

Aussi, l'Italie accomplira-t-elle, en dépit de tout et contre tous, son œuvre d'organisation, de même qu'en dépit de la féodalité, Louis XI, continué par Richelieu et complété par la Révolution de 89, a fait de la France divisée une nation forte et compacte. Rien n'empêchera la Sicile, qui est italienne, de partager les bénéfices politiques de ses concitoyens de race et de langage; rien non plus ne pourra empêcher le royaume de Naples de suivre l'exemple de la Sicile. Ce ne sont pas, en effet, des hommes qui combattent là-bas, c'est le principe de l'Unité qui s'affirme, le plus fort de tous les principes, en politique comme dans les autres sciences fixes. Et les principes ne sont jamais vaincus, du moment qu'ils ont été proclamés.

— Tout cela est bel et bien, repartit le vieillard raisonneur, arrêtant tout court ce torrent d'enthousiasme, mais encore faudrait-il prendre en considération certains arguments, moins éloquents que les vôtres, mais qui présentent peut-être un intérêt plus positif. — Que les Italiens lavent leur linge sale en famille, je n'y vois pas grand mal pour ma part. Vous m'affirmez qu'ils tendent à l'unité, et je vous crois sur parole, auquel cas leur exemple ne peut pas devenir contagieux pour nous, puisque nous avons déjà cette unité qu'ils convoitent. Laissons-les donc se battre tout à leur aise, c'est chose convenue Mais, je vous prie, quand nous entamions, nous Français, cette lutte si sublime, à votre sens, de l'unité, sont-ils venus nous aider de leurs efforts? Lorsqu'il s'agit de questions si graves, il faut réfléchir à deux fois avant de s'engager par pure bonté d'âme dans une mauvaise affaire. Si mon voisin était à la veille de faire faillite, et qu'il m'eût autrefois aidé dans une situation sémblable, je n'hésiterais guère, et nul homme de cœur non plus, à aller lui offrir ma fortune. Par contre, on ne hasarde pas une semblable démarche auprès du premier venu. — Laissons l'Italie faire faillite ou triompher, ce qui nous est tout un, et dormons en paix sur les deux oreilles. Ma théorie est peut-être celle d'un égoïste, mais, ma foi, les égoïstes sont en résumé les plus heureux des hommes, car, pourvu qu'ils aient les pieds chauds et la tête fraîche en se couchant, ils ne s'inquiètent de rien.

— Vous remarquerez, avant d'entrer plus avant dans cette théorie du « chacun pour soi, chacun chez soi, » que les Italiens ne nous demandent pas autre chose que ce que vous leur octroyez là, d'un trait, pour vous débarrasser de la question. Mais ceci n'est pas votre dernier mot : vos sympathies sont pour le Pouvoir à Rome comme en Sicile; n'abandonnez pas vos amis — qui ont besoin de votre concours.

— Je n'abandonne rien ! reprit chaudement le vieillard, et je ne serai jamais du parti de la démagogie !

— A la bonne heure ! vous voulez dire seulement que nous avons déjà trop fait pour une nation qui ne nous touche que d'assez loin, et vous espérez bien que S. M. François II et le général Lamoricière auront raison des « perturbateurs. » Donc, nous n'avons pas encore avancé d'un pas vers la conclusion ; vous avez seulement émis une théorie assez dissolvante. A coup sûr, les chrétiens de Damas, massacrés par les mahométans, nous intéressent moins sérieusement que des frères de notre race, décimés par leurs gouvernements. Et puis, c'est tout là-bas, bien loin, la Syrie ! Les

cabinets européens viennent pourtant de se réunir devant cette question
d'humanité, et nos soldats s'embarquent, à cet instant même, pour aller
venger leurs co-religionnaires. Je ne suppose pas que notre commerce,
pour rentrer dans votre comparaison, en aille beaucoup mieux, mais notre
considération y gagnera dans le monde entier, — et c'est peut-être un cas
à noter. Je vous passe d'ailleurs ce point sans conteste : l'Italie fera ses
affaires toute seule. *L'Italia fara di se !* est vraiment un cri national, à
cette heure; car la nation est formée, elle est jeune, elle est vigoureuse,
elle a la foi, c'est assez. Néanmoins, en laissant passer votre système facile
d'indifférence, en abandonnant les Italiens à leurs propres forces, j'entends
constater, en passant, que la « faillite » de la jeune Italie nous serait très
préjudiciable.

La France et l'Italie se trouvent dans la même communauté d'intérêts
que deux héritiers collatéraux plaidant un procès de testament devant
des juges. Nous appartenons à la même race, la *race latine*, et vouloir
laisser les Allemands en Italie, c'est consentir à ce qu'ils passent nos frontières dans cent ans. C'est là que votre citation de La Fontaine devient
juste :

> Laissez-leur mettre un pied chez vous, etc...

Ils n'y sont pas aujourd'hui, mais ils y étaient hier, et demain n'est à
personne. Songez qu'en politique, bien entendu, nous devons, avant tout,
nous préoccuper de mettre de fortes barrières entre nous et nos ennemis
de sang et d'instinct. — Qu'est-ce qui a perdu l'empire d'Orient? L'envahissement des Slaves. — Qu'est-ce qui a perdu l'empire d'Occident?
L'envahissement des Francs. Craignons aussi l'invasion des peuples du
Nord, et méditons sur la terreur de Napoléon Ier, que la France ne de-
vînt cosaque. De tout temps, en effet, les populations des terres ingrates
et froides du Nord ont jeté des regards d'envie vers le soleil généreux des
terres méridionales; elles échangeraient volontiers leurs brouillards contre
notre ciel bleu. Leur masse effrayante donne à réfléchir, et, dans la pré-
vision de cette attaque, — improbable, je veux le croire, — nous devons
chercher des alliés; car essayer de combattre tout seuls, ce serait folie, et
1815 nous l'a durement enseigné. Et, je vous le demande, où trouverons-
nous une alliée plus naturelle que l'Italie qui nous borne et nous protége,
l'Italie sortie de la même race que nous, la nôble race latine, et ûnie indis-
solublement à nous par la communauté du danger? D'où je conclus, assez
logiquement, j'imagine, que notre intérêt bien entendu doit nous pousser
à rendre l'Italie la plus forte possible, afin qu'un jour elle puisse nous servir efficacement et nous servir de rempart.

— C'est très bien raisonné, fit M. des Baliveaux, tout songeur. Mais
je vous avouerai que mon gros bon sens se révolte quelquefois contre ces

arguties de la logique. Je me rappelle avoir entendu démontrer, très bien ma foi, que Robespierre était un fort galant homme au fond, et jamais je n'ai voulu y croire. En un mot, la légalité du but ne me semble pas excuser la violence des moyens. J'ai peut-être eu tort, quand nous avons parlé de Louis XI, de ne pas stigmatiser sa cruauté. J'approuverais peut-être comme vous la révolution italienne en général, et le mouvement sicilien pour partie, si les hommes que nous voyons à la tête des meneurs ne trempaient pas chaque jour leurs mains dans le sang. La Révolution de 89, je ne le nie pas, a fondé le droit moderne, mais la guillotine était de trop en cette occurrence comme dans les autres. Ainsi, votre Garibaldi et *sa bande rouge...*

— Ah! vous voulez parler des hommes ; parlons-en.

M. des Baliveaux essuya son front en sueur dans un magnifique foulard des Indes et se rassit avec résignation.

III

Quatre personnalités importantes dominent l'Italie depuis la dernière guerre :

S. M. François II, roi de Naples ;

S. S. Pie IX ;

S. M. le roi Victor-Emmanuel;

Et Garibaldi, l'aventurier.

Vous avez, ainsi que toutes les personnes qui ont vécu dans le véritable monde et surtout dans le monde des passions, une certaine croyance à la relation des traits du visage avec les aptitudes morales et intellectuelles.

M. des Baliveaux s'inclina profondément.

— Puisque vous ne trouvez pas cette étude puérile, nous nous arrêterons quelques instants sur la physionomie de chacun de ces personnages.

M. des Baliveaux fit un second signe d'acquiescement.

— Le portrait de S. M. François a été publié ces jours derniers dans un des meilleurs *magasins* illustrés de Paris.

Il a vingt ans, d'hier, ce roi qui bombarde ses sujets ! La tête est lourde et comme insufflée; le front proéminent vers l'arcade sourcilière fuit tout à coup : il indique à la fois cette ténacité qui n'est pas l'énergie, et cette irrésolution qui sera plus tard la prudence de Machiavel. On devine que ce cerveau, encore laiteux, n'a pas d'idées propres, mais aussi que ce jeune homme, une fois son parti pris, marchera vers le but, quand même. L'œil est grand, vague et presque doux. La gravure ne peut rendre cette acuité des fibrilles de la prunelle qui trahit les instincts réels. La joue, qui tombe précocement, se relie au cou avec pesanteur. La bouche est grosse, la lèvre inférieure pronostique surtout des entraînements vers la sensualité, le menton est ferme et violent. Le nez bourbonien manque de mobilité, il est opaque et comme sans vie. Devant cet ensemble inerte et obstiné, on s'arrête inquiet et troublé. Ces yeux auront-ils jamais un éclair, cette bouche un sourire, ce front le rayonnement de l'intelligence? Il y a quelques raisons d'en douter. On n'a pas oublié le mépris du jeune prince pour les conseils de l'Angleterre et de la France. Ce mépris, on le comprend : peut-être même les gens qui s'engouent du prestige de la Royauté ont-ils trouvé une certaine grandeur chez ce petit souverain despotique, à le voir marcher avec tant de superbe dans son manteau tout neuf. Il a été élevé dans l'adoration de sa volonté, dans la croyance de son infaillibilité; on lui a dit que le peuple était un troupeau, et il a agi en conséquence. Cette insolence de roi émancipé accusait, du moins, un certain caractère. On peut admettre, la part de l'éducation une fois faite, ces braveries et cette sécurité dans son pouvoir indiscutable et divin. Il apparaissait en tyran, mais il se tenait tout droit et refusait de plier, malgré les admonestations des grandes puissances. S'il eût continué de la sorte, l'Europe l'eût haï, mais personne ne l'eût méprisé. Mais, voyez! Il vient de perdre la Sicile, et, le voilà qui se traîne misérablement aux genoux des souverains dont il riait naguère; il signe des constitutions, il exile ses amis, il pactise avec tout le monde ; il a peur ! Peur, lui, roi, lui, jeune homme, lui, Bourbon ! Cette surface d'airain est doublée d'éponge !

— Vous allez, vous! fit observer M. des Baliveaux en me regardant étonné.

— Ah ! cette fois laissez-moi parler ! J'exprime là des sentiments purement humains que vous comprenez comme moi, malgré la différence de nos opinions. Il n'est pas bon que la jeunesse rampe après avoir tué, assassiné, brûlé, bombardé... J'exige d'elle, tout au moins, l'audace de ses violences, en dernier ressort.

— Je vois bien où vous voulez en venir. Il eût fallu que François II mît les clefs de ses palais sur les portes à l'arrivée de Garibaldi.

— Garibaldi n'était pas en Sicile au mois d'avril de la présente année; la Sicile étouffait et demandait un peu d'air.

Écoutez quelques lignes d'un volume indigné, qui vient de paraître sous la signature de M. de la Messine :

« La jeunesse se jeta dans la campagne pour y soutenir et y propager le mouvement. Sept jours durant, on entendit aux portes de la ville le feu des braves accourus de tous côtés.

» Le digne héritier du roi Bomba répondit à ces soulèvements par le déchaînement d'une fureur aveugle, par les excès et les atrocités de ses soldats et de ses sbires, auxquels on laissa carte blanche pour la répression. Ils en usèrent largement et de manière à satisfaire leur maître : pillage, viol, fusillades, massacres, tout est bon ! On tue indistinctement jeunes gens, hommes mûrs, femmes, enfants, vieillards.

» Quelques traits entre mille :

» Le couvent de la Gancia, — pillé ; trois de ses moines, — pendus.

» A Palerme, treize jeunes gens des plus distingués, — fusillés d'une manière horrible ; une boucherie plutôt qu'une exécution ; — ils étaient placés tous ensemble : une première décharge n'en tue qu'une partie ; on en fait une seconde ; mais tous n'étaient pas encore tués... les exécuteurs se rapprochent et leur brûlent la cervelle à coups de pistolet.

» A Messine, où régnait une sourde agitation, la troupe, pour provoquer ou simuler un soulèvement et avoir occasion de massacrer et de piller, a tiré sur les citoyens désarmés qui parcouraient paisiblement la rue Ferdinanda. Des personnes inoffensives, un vieillard même, sont tombés victimes de ces agressions sans motifs. Une grande partie de la population s'enfuit de cette malheureuse ville.

» Les rigueurs de l'état de siége et les menaces du commandant Russo sont telles que le corps consulaire est obligé de protester.

» La ville de Carini, reprise par les troupes du roi après un combat qui dura du 18 au 21 avril, fut pillée, mise à feu et à sang. Même des enfants, des vieillards, des femmes et des jeunes filles furent passés au fil de l'épée jusqu'aux pieds des autels où ils s'étaient réfugiés.

» Parmi les faits arrivés dans cette malheureuse ville, il en est un digne de mémoire.

» Cinq soldats napolitains, parmi lesquels était un lieutenant, entrèrent de force dans une maison où étaient deux jeunes filles qui, pendant le combat, avaient tiré des coups de fusil. Deux heures après, on ne trouva plus dans cette maison que sept cadavres sanglants ; au milieu, tous les meubles renversés, les armes teintes de sang, les portes enfoncées, signes évidents d'une lutte terrible et sans exemple !

» Bientôt Galati subit le même sort que Carini.

» A Palerme, qui reste silencieuse et solennelle, d'autres fusillades ont succédé à celle des treize jeunes gens ; une particulièrement a révolté et ému les royaux eux-mêmes : un paysan, pour avoir vendu une vache aux insurgés, a été fusillé sur-le-champ avec son fils, un enfant, coupable d'avoir conduit la vache aux insurgés !... »

— Je n'ai presque rien à dire de S. S. Pie IX.

— Vous êtes bien honnête et bien gentil, interrompit M. des Baliveaux avec un sourire narquois.

Je continuai, malgré l'ironie de l'interruption.

— Pie IX est un véritable pape : toute la configuration de sa tête, — couleur et ligne, — indique les grandes préoccupations de l'autre vie, — en conséquence de quoi le mépris de la vie présente. Une des erreurs de ses débuts, — un rêve honorable d'ailleurs, — a été de se vouloir mêler au mouvement italien. Le propre d'une religion est d'être impassible au milieu de la fermentation terrestre. Si Pie IX eût conservé cette immobilité de *pierre*, sur laquelle on édifie l'Église, il fût demeuré une figure en dehors des aspirations actuelles, mais une physionomie catholique. Il ne fallait pas commencer le mouvement, ou il fallait le suivre jusqu'au bout.

— Mais ça galope, le mouvement! maugréa mon auditeur.

— Hé! oui! ça galopait la veille; le lendemain ça prend les chemins de fer! — Pour en revenir au vicaire de Jésus-Christ, je crois à sa douceur, à sa bonne volonté, à ses grandes effusions pour l'humanité; mais j'arrive à un dilemme formidable, de par la logique.

— Encore la logique?

— Encore et toujours! Le pouvoir spirituel annihile le pouvoir temporel; le pouvoir temporel entraîne l'exercice du pouvoir spirituel. — Comme ministre d'une religion de paix, le grand pasteur de la chrétienté doit répugner à la guerre; d'où une extrême négligence en tout ce qui regarde l'armée, institution de la première importance pour, l'indépendance des États. (Enfin M. de Lamoricière vint...) Il doit protéger tout ce qui touche à la cléricature, d'où abus de priviléges en faveur du clergé, qui sont une source de ruine perpétuelle pour les finances; — il doit empêcher toute manifestation d'une libre pensée, les libres penseurs discutant ce qui ne peut pas être discuté; — en particulier, l'infaillibilité religieuse du pape, d'où servitude de l'opinion publique.

Prétendra-t-on que cette personnalité que l'on nomme le pape, si intelligente que vous la supposiez, ait le don d'ubiquité? — que, chef religieux infaillible, il peut se métamorphoser à son gré et à son loisir en chef temporel dont les actes soient discutables? Mais comment préciser d'une façon certaine la ligne où un acte gouvernemental cesse d'être religieux pour devenir purement politique? Puis, ne doit-on pas craindre que les raisonneurs, — on en trouve partout, — accoutumés à la faillibilité humaine du pape, n'arrivent un jour à contester son infaillibilité religieuse?

Donc, en tant que chef d'une religion qui se base sur la Foi, le pape a raison d'empêcher toute manifestation de la pensée.

Chef d'une religion dont forcément les ministres sont pour lui les êtres les plus méritoires de la nation, le pape a raison de concentrer sur eux toute la fortune du pays.

Chef d'une religion de paix, le pape a raison de ne pas vouloir d'armée.

Chef d'une religion vénérée, le pape a raison de défendre, par les armes temporelles qu'il possède, toute insulte à cette religion, et de punir ces insultes comme un crime de lèse-majesté.

Chef d'une religion, le pape a raison de donner à ses sujets une éducation purement religieuse, et de remplacer dans ses États la philosophie par le catéchisme. Absence d'armée, — concentration de la fortune publique et de l'autorité dans une seule classe, — étouffement de l'opinion populaire, — juridiction cléricale, — éducation aussi limitée que possible, tous ces fléaux, qui font la ruine des États et le malheur des peuples, sont logiques dans les États pontificaux, et la chrétienté tout entière serait en droit de faire des reproches au pape s'il essayait non-seulement de détruire ces abus, mais encore de ne plus les protéger. Qu'on songe, en effet, aux contre-sens monstrueux où le pousserait un régime différent : le pape permet la discussion de ses actes politiques. On arrive vite à discuter les actes religieux, et au siége même de la religion romaine, sous les yeux du pontife souverain et avec son autorisation, des Luther et des Calvin écrivent dans ses propres journaux. — Ainsi sapée, que devient l'intégrité du dogme catholique? Le pape appelle au pouvoir et à la fortune des laïques, — alors ces laïques forment une aristocratie à côté de l'aristocratie cléricale. Cette aristocratie, soutenue par l'opposition qui s'agite naturellement dans tous les États possibles, arrive bientôt à primer la seconde. — De là au rabaissement du clergé dont le pape est le chef, il n'y a qu'un pas. Que devient la religion catholique, lorsque les princes de l'Église ne sont que des princes de second ordre?

Le pape met des armées sur pied. — Les nécessités de la politique le forcent à combattre contre des ennemis catholiques, — contre l'Autriche par exemple, avec toute l'Italie. — Comprenez-vous ce père de la chrétienté combattant contre la chrétienté même? Le pape ne punit le blasphème ou le sacrilége que par les peines morales du confessionnal. Il devient alors complice religieux de tous les blasphèmes et de tous les sacriléges qu'il eût pu empêcher, — et, selon l'expression de Pie IX, pour plaire à MM. les libéraux, *il se damne*. Le pape permet de donner une instruction libérale à ses sujets. — Alors, avec les propres deniers de l'Eglise, il prépare pour l'avenir des petits Voltaires et des petits Jean Huss. Il ne faut donc pas accuser le pape de fautes qui ne sont pas siennes, mais bien celles de l'institution même. — Toutes les tentatives libérales qu'il eût mises à l'essai auraient enlevé au souverain spirituel une partie de son prestige ou de son autorité morale, et tant que le souverain-pontife sera chef temporel et cumulera charge d'âmes avec charge de corps, il devra naturellement subordonner l'âme au corps et sacrifier les intérêts de l'Etat à ceux de l'Eglise, sous peine de manquer au mandat reçu de saint Pierre.

Et voyez! ce représentant de la clémence céleste est obligé de pactiser avec les monstrueuses tyrannies de ses environs; il se sent trembler sous le dais de saint Pierre, — il s'effraie; il revient sur ses pas; il regarde le progrès qui s'avance vers lui avec des yeux effarés! A cet instant, l'emblème du Dieu vivant ne serait-il point simplement un homme? Peut-être bien! Jugez la question vous-même.

Voici un exemple qui date d'hier et qui démontre, au delà de toute évidence, que le royaume *qui n'est pas de ce monde* s'appuie forcément sur les odieuses vengeances des royautés d'ici-bas.

Vous me répondrez que cette politique, qui va de Gall à Lavater, vous apparaît plus spécieuse que concluante. Je me laisse volontiers aller aux premières impressions physionomiques. j'en conviens. Mais, — voyez la rencontre! — ce matin, ce matin même, je lis dans une *Revue* de M. Edmond Texier, lequel n'a jamais chaussé les bottes de Marat, ni endossé sa carmagnole, une lettre datée de Naples, et signée du nom très honorable de M. Marc Monnier. M. Marc Monnier raconte, *de visu*, l'évacuation récente des prisons de Naples. M. Marc Monnier n'est nullement de ce bois sec dont on fait les pamphlétaires; c'est un artiste dans le sens très clément du mot : ne voyez-vous pas là une garantie très réelle pour l'impartialité? Il cherche le bien, et le mal l'indigne, voilà tout. Il ne s'emporte point contre les vieilles dynasties; il ne lapide jamais les pouvoirs tombés; il regarde à ses alentours, et, s'il trouvait quelques restes de splendeur aux institutions du passé, s'il sentait un bon mouvement chez ce jeune homme qui est né roi, la douceur chrétienne et la mansuétude paternelle chez ce vieillard que les cardinaux ont fait pape — peut-être un peu contre son gré, — l'écrivain nous le dirait avec sa franchise, avec sa loyauté, avec ses attendrissements faciles à éveiller.

Or, il a vu des tortures qui révoltent l'humanité, des violations du droit des gens qui feraient bondir les sauvages de la Calédonie.

Ecoutez cette histoire qui semble un roman d'Anne Radcliffe, tant elle est sombre, noire et féroce :

« Un prisonnier mystérieux a été découvert presque par hasard. Un
» avocat, sorti l'un des premiers de la prison de San-Francesco, rapporta
» qu'il y avait, dans les cachots du lieu, un inconnu jeté là depuis quatre
» ans, et qu'il avait été livré à la police de Naples par la police de Rome.
» On ignorait son crime, *on ignorait jusqu'à son nom*. On l'appelait l'Amé-
» ricain, et il était là, seul, oublié, ne connaissant personne.

» A force de recherches, on trouva, en effet, dans une chambre où on
» l'avait transféré depuis l'amnistie, un homme étrange, vêtu d'un gilet
» de flanelle et d'un pantalon grossier, réduit à une maigreur extrême,
» égaré, hors de lui, presque effrayant à voir. Ses yeux regardaient avec
» peine, ses jambes affaiblies ne le soutenaient plus. Il avait le geste sac-
» cadé, le rire convulsif. On lui demanda son nom; il ne voulut pas le
» dire. On cherche son procès sur les registres de la police et du ministère,
» *on ne trouve rien*. On consulte les geôliers; *ils ne savaient rien!* »

Cet homme étrange commence à retrouver la mémoire à l'aspect de la bienveillance générale qu'on lui témoigne. La famille d'un des plus célèbres avocats de la Sicile, M. Pasquale Arenare, s'est fait un devoir et une joie d'accueillir ce vieillard de trente ans, — car il n'a que trente ans; depuis lors, il semble vivre dans un rêve.

Si vous exigez maintenant des renseignements sur les crimes de ce grand coupable, retournons à la lettre de M. Marc Monnier qui a semé quelques bribes de ces lamentables aventures.

Parti de Boston sans passeport, et désireux de visiter les monuments de la Rome des Césars, l'Américain fut arrêté près de Viterbe et renfermé, sans interrogatoire, dans un cachot où il resta trois mois.

« Vint un ordre de la sacrée-consulte qui rappelait le prisonnier à
» Rome. Il partit par une nuit d'orage. Mouillé jusqu'aux os, il demanda
» en grâce aux carabiniers de l'escorte qu'on le laissât reposer un instant
» dans une auberge. Pour toute réponse, on attacha à l'arçon d'une selle
» les chaînes du malheureux, et les chevaux le traînèrent excités par
» l'éperon. Le prisonnier tombait à chaque secousse, haletant, épuisé,
» meurtri, rompu, tout en sang. »

À Rome on le jeta dans la prison des Thermes de Dioclétien, où il demeura quarante-cinq jours. Après deux interrogatoires, — des interrogatoires dirigés par des prêtres! — on l'enferma dans une chambre de San-Primario.

« C'est un lieu de supplice où les prisonniers ne vivent jamais plus de
» dix jours. Il y passa trois mois, n'ayant pour lit qu'un sac de paille
» pourrie, et ne dormant pas à cause de la vermine. Il avait compté qu'il
» y vivrait huit jours, et, dans cette pensée, il n'avait quitté ni ses vête-
» ments ni même ses souliers, ne voulant pas qu'on le trouvât nu si on
» le trouvait mort. Toutes les quarante-huit heures on lui apportait du
» pain et de l'eau, et *on n'y pensait pas toujours.* »

Au bout de trois mois, on le conduisit enfin à l'infirmerie où ses forces épuisées le tinrent couché deux mois.

Il était à peine convalescent qu'on lui tint ce langage :

— Nous allons vous renvoyer chez vous, mais, ne pouvant vous embarquer ici, on va vous reconduire à Naples.

— Enfin, il est sauvé! s'écria M. des Baliveaux en respirant bruyamment. Le pauvre garçon! Deux ans de prison et de tortures au lieu d'un voyage d'agrément, je conviens que c'est dur; mais les doctrines perverses ont tellement sapé les bases des gouvernements, que ceux-ci sont tenus de prendre leurs précautions. C'est un malheur des temps! mais puisque la justice papale l'a renvoyé des fins de la plainte, il avait bien besoin d'aller *faire du civisme* dans les États de Naples.

— Attendez, mon cher ami, et vous verrez comment *la justice papale renvoie des fins de la plainte,* pour me servir de vos expressions. A Naples où on traîna le malheureux avec des menottes qui lui labouraient les poignets, il fut de rechef conduit en prison, au milieu des injures et des obscénités des lazzaroni. Cette fois, il resta six mois au secret avant de subir même un interrogatoire, mais il eut cette chance exceptionnelle d'être interrogé par le célèbre ministre Bianchini. Aux questions multipliées et pressantes de l'inquisiteur, il répondait :

« — Je suis venu de Rome ici, confiant dans la loyauté d'un pape; vos prisons m'ont pris et me gardent. Qu'on me renvoie dans mon pays. »

Bianchini répondit : « C'est bien! » et le remit au secret. C'est ainsi qu'un citoyen libre, arrêté sans motif, sans procès ni jugement, livré frau-

duleusement au feu roi Ferdinand par le cardinal Antonelli, vient de
passer deux ans à Rome et quatre ans à Naples, au fond de cachots horribles, où il souffrait inconnu, ignoré, et, comme il le dit amèrement,
« seul. »

Entendez-vous ce mot atroce qui résume toutes les souffrances humaines
en quatre lettres : SEUL !

— Tout cela est lamentable, je vous le concède, soupira M. des Baliveaux, mais il faut prendre bien garde avant de saper les autorités
consacrées.

— Les autorités consacrées ! en France ! ici ! où l'application du
suffrage universel vient de consacrer le droit nouveau, vous n'y songez
pas !

— J'y songe tristement !

— Et vous avez toute raison d'y songer tristement. Je comprends le
dévouement aux causes tombées, l'affection pour ces hommes qui furent
princes — mais, en cirant leurs bottes, peut-être — je discuterais leurs
décrets — très certainement.

— Oh ! les fils de Voltaire !

— Nous, les fils de Voltaire ! Mais, nous croyons à tout et au reste.
Jamais le besoin de croyances ne s'est plus énergiquement prononcé que
dans ces derniers temps. Comptez les religions nouvelles, qui toutes
témoignent d'un appétit de foi tout frais aiguisé. Seulement, nous
demandons, nous voulons, nous *exigeons* des dogmes empreints de
tolérance et de fraternité réelle. Voilà pourquoi, nous arborons la
bannière de Victor-Emmanuel et de Garibaldi.

— Epoque bizarre et tourmentée que celle où l'on voit accoupler
l'antique maison de Savoie au nom d'un aventurier !

— Grand pardon ! Cet aventurier ne marche qu'après son roi — et
très respectueusement. Cet aventurier a fait tête avec un bataillon de
chasseurs des Alpes à des corps d'armée entiers; un autrichien forcené,
le général d'Aspre, disait, en parlant de lui, à un ministre du Piémont.
« L'homme qui aurait pu vous être le plus utile dans votre guerre
» d'indépendance, vous l'avez méconnu, c'est Garibaldi. »

Un général piémontais demandait, l'année dernière, au héros de la Sicile :

— Comment attaquerez-vous les Autrichiens? vous n'avez pas un canon.

— Les Autrichiens en ont, je leur en prendrai, répartit vivement l'illustre condottiere.

Et cette campagne de Sicile, faut-il vous la raconter après les héroïsmes de tous les jours, même après les récits des feuilles hostiles? On dirait
une guerre des temps fabuleux. Un homme débarque presque seul dans
une île de trois millions d'habitants; vingt-quatre heures après, le pays
est soulevé; la semaine suivante, il est libre. Cet homme combattait contre
une armée de vingt-cinq mille hommes, les vingt-cinq mille hommes se
défendent comme des lions et sont vaincus.

Mais il parlait à ses soldats en ce grand style où la rhétorique n'a rien à voir : « Mes enfants, vous êtes un contre cinq; devant vous la mort, derrière vous les fusils de vos camarades qui tueront comme un chien le premier qui recule. Nous n'avons pas de canons; il faudra en prendre. Que nous soyons tués, qu'importe! Il faut que l'Italie soit libre! Voilà notre seule récompense. » Et la victoire le suivait !

Et pendant que le Bourbon bombardait Palerme, savez-vous ce que faisait le « flibustier? » Il publiait un décret qui défendait de poursuivre les sbires féroces du gouvernement napolitain; un autre décret, qui punissait de *mort* ses propres soldats convaincus d'assassinat, de vol ou de pillage quelconque.

Le flibustier, maître de la contrée tout entière le lendemain de sa première victoire, accorde une trêve honorable à vingt-cinq mille soldats sur lesquels il eût pû lancer une population aveuglée par la vengeance! Il offre au général Lanza de faire soigner dans Palerme les blessés qui ne pourraient pas supporter les fatigues de l'évacuation!

— C'est chevaleresque, très chevaleresque, trop chevaleresque, oui! pensa tout haut M. des Baliveaux.

— Eh! vous venez de dire le grand mot sur la question. C'est parce que ce vainqueur est un chevalier qu'il a séduit l'Europe. Sa vie est une épopée où toutes les nobles passions ont leur tour. Il a aimé comme un être vraiment viril; il a été adoré comme un Dieu; il a joint, au courage qui dompte. la douceur qui captive.

— Un Richelieu doublé d'un Jean-Bart, dites-le tout de suite... mais je ne vois pas la part qui reste à S. M. Victor-Emmanuel de Savoie.

— Il reste à S. M. Victor-Emmanuel II la plus splendide mission qu'un prince puisse poursuivre. Ce roi gentilhomme, ce *roi unique et parfait* (*unico e perfetto*), l'expression est de Garibaldi, s'occupe de l'unité italienne plutôt que chercher à mettre en relief sa personnalité. Ce n'est plus un roi, dans le sens gros de chamarres et de poussières que le mot comporte, — c'est l'incarnation d'une Idée. Voyez bien en face cette tête léonine; regardez en plein centre de ces yeux vaillants, vous ne trouverez pas un trait, pas une ligne sur lesquels ne soit largement écrit : *Loyauté*.

A l'heure présente, le cabinet de Turin se débat entre deux impulsions contraires : le mouvement et la résistance. Chose rare dans l'histoire des dynasties, le roi est du parti du mouvement.

La résistance est inféodée, — ne bondissez pas, cher ami ! — au comte Camille de Cavour, qui représente les anciennes municipalités piémontaises. M. de Cavour est un homme d'une incontestable valeur, mais, à Turin même, la population l'appelle : « *Codino;* » traduisez : rétrograde. Il vit appuyé sur la diplomatie des vieilles cours, et, en somme, il regarde Victor-Emmanuel comme un bon général, en se considérant lui-même comme un ministre indispensable. Les grandes intelligences de l'Italie

centrale lui donnent à réfléchir; il est plein de précautions, il veut garder
au Piémont sa suprématie d'autrefois. Il dit au roi : Prenons garde!

Et le roi répond : En avant !

IV.

— Je veux bien convenir avec vous, reprit mon interlocuteur, après un
instant de réflexion, que l'Italie n'est pas dépourvue d'hommes distingués...
au moins au point de vue où vous vous êtes placé.... Mais enfin que veu-
lent-ils faire, ces hommes, à quoi tendent-ils? Il ne s'agit pas seulement
de détruire, il faut encore savoir édifier sur les décombres. — Il est temps
de conclure, en somme.

— J'avais conclu dès le premier quart d'heure ; recommençons, puisque
la chose vous plaît ainsi. Vous me demandez, pour la seconde fois, ce que
veulent les patriotes italiens; je réponds très nettement : ils veulent une
autonomie puissante qui soit inscrite comme une vérité indiscutable au
Code des nations et qui se fasse respecter par elle-même; ils veulent faire
disparaître des cartes géographiques ces petites et nombreuses lignes multi-
colores, divisant la péninsule en tant de faibles parties que se sont adju-
gées les puissances signataires des traités de 1815; ils veulent, eux
Italiens, eux hommes, eux affamés de liberté, se faire une patrie italienne,
reprendre la place que Dieu leur a assignée dans l'humanité, reconquérir
et leur nom et leur liberté. — A quoi ils tendent?... A faire disparaître de
toutes les contrées qui leur sont échues en partage, de toutes les provinces
où l'on parle la langue de Tasse et de Dante, l'élément étranger qui s'y est
implanté au mépris de tous les droits des Peuples. Vous redoutez qu'après
avoir détruit ils ne sachent plus édifier ! En somme, qu'auront-ils
détruit ?... Un ordre de choses qui n'est déjà plus qu'une ruine, un principe à demi écroulé sous les attaques de la raison humaine, le droit suranné
de quelques familles isolées sur des peuples assez grands et assez forts pour
se soustraire à leur tutelle. Croyez-vous que cela soit bien fait pour
émouvoir beaucoup l'Humanité? — Et pensez-vous qu'il leur manque des
matériaux pour édifier, lorsqu'à la place de ces ruines inaperçues surgit
une Nation ?...

— Ah! vous croyez, interrompit M. des Baliveaux, que la destruction
d'un principe qui a pour lui la consécration des siècles passe inaperçue!...
Si vous aviez la foi!... si seulement vous aviez le culte du souvenir, vous
sentiriez toute la puissance de cette chose que vous traitez si légèrement!...

— Oui, oui, je sais.... le droit divin, repris-je pendant que le digne
homme poussait un long soupir de regret et levait les yeux au ciel pour
le prendre à témoin de mes hérésies. Eh bien, j'ai la conviction que

les peuples en ont fini avec les sentimentalités de cet ordre et que, mûrs
de raison autant que d'âge, ils cherchent leur bonheur à côté des paradoxes
usés auxquels vous sacrifiez encore, et qui n'auront plus cours en Europe
à mesure que les nations auront constaté que la volonté de tous a bien
le droit de se substituer au bon plaisir de quelques-uns.

La France a inauguré cette nouvelle phase du droit des peuples, et l'intro-
duction du vote universel dans notre Code politique a fermé à tout jamais
l'ère des revendications individuelles de par le droit divin. Vous le savez
comme moi, et, comme moi, vous vous en enorgueillissez, la mission pro-
videntielle de la France est de marquer la première les étapes du Progrès.
L'idée féconde semée dans notre pays a déjà poussé de profondes racines
dans toutes les contrées de l'Europe où dominent encore les formes de
gouvernement imposées. Rien ne peut s'opposer au libre développement
du grain fertile ; l'incubation sera plus ou moins longue suivant les aptitudes diverses des nations ; mais le germe existe, vivace, indestructible, et
rien ne saurait empêcher la moisson d'arriver à terme. L'heure de cette
moisson est venue pour l'Italie, voilà tout !....

— Et vous croyez, interrogea M. des Baliveaux, que ce mouvement
imprimé par quelques aventuriers est bien l'expression d'une volonté
nationale ?... Mais, mon cher monsieur, vous ne savez donc pas l'influence des minorités factieuses sur les masses qui sont conservatrices
par tempérament, par conviction et par intérêt ? Vous n'avez donc jamais
vu l'abattement profond, la coupable inertie dans lesquels tombent les
majorités modérées en face des surprises, des coups de main tentés par
une poignée d'hommes énergiques qui imposent, par la terreur, des pro-
grammes politiques insensés ? Croyez-moi, ceci est le cas de l'Italie aujourd'hui, et je parierais mes manchettes de Malines contre une biographie
de Garibaldi, que sur dix Italiens, il y en a huit qui condamnent *in petto*
ces révolutions sans oser exposer leur fortune ou leur vie pour les
arrêter !...

— Encore une fois, Monsieur, répondis-je, permettez-moi de vous
répéter que ce mouvement n'est point une révolution dans le sens habituel
du mot. C'est une restauration, c'est le rétablissement de la nationalité
italienne. Quant à nier l'unanimité de l'opinion qui dirige le mouvement,
la spontanéité, l'ardent enthousiasme avec lesquels il s'accomplit, il
faudrait être en vérité trop aveuglé ! Après une guerre glorieuse dans
laquelle on réduit la puissance autrichienne en Italie, une paix se conclut qui garantit à l'Autriche la possession de la Vénétie, aux archi-
ducs leurs duchés, au pape son pouvoir temporel ; quel que dût être le
désappointement de ne pouvoir accomplir jusqu'au bout l'héroïque programme « *l'Italie libre des Alpes à l'Adriatique,* » on est contraint de
céder à des éventualités en partie inconnues mais évidemment impérieuses,
et nos armées, en plein cours de triomphes, s'arrêtent au Mincio. La grande
force sur laquelle comptait l'Italie pour sa libération complète lui manque

donc tout d'un coup, et les espérances de rénovation nationale doivent s'enfouir une fois de plus au fond des cœurs. Certaines provinces ne ratifient pas le traité, et d'un mouvement unanime se donnent au roi qui, le premier, a arboré sur les champs de bataille l'étendard de l'unité italienne. Naturellement ce n'était pas à nous, les intronisateurs du suffrage universel, à nous opposer à son application dans des provinces dont les aspirations, d'ailleurs, nous étaient entièrement sympathiques. Mais, liés par les traités, nous ne pouvions non plus y aider. Sur quoi, l'Italie a commencé à prendre l'excellent parti de faire ses affaires elle-même. Il a bien fallu une certaine unanimité dans ce mouvement pour que les parties intéressées à ce qu'il ne s'accomplît jamais n'osassent pas s'y opposer par la force.

Du reste, vous avez pu juger avec quelle sagesse, quelle modération cette grande réforme eut lieu. Ce n'était pas là un peuple révolté ; c'était une grande et imposante assemblée formée de toute une nation qui délibérait sur ses institutions, et qui, dans le calme le plus profond, évitant des expansions d'enthousiasme qui eussent pu donner à sa délibération le caractère d'une révolution, décida la déchéance des principicules qui l'opprimaient. Et cela se fit avec une telle majesté, avec une sagesse si inattaquable, que la diplomatie, ce brouillon habituel des rapports de peuple à souverain ou de nation à nation, ne trouve pas un mot, un seul, à objecter à cet acte imposant.

Et toute l'Italie centrale se réunit en un faisceau autour de Victor-Emmanuel.

Restent la Vénétie et Naples, — une province autrichienne, — un royaume administré par un Bourbon sous l'inspiration de Vienne. De la province et du royaume s'élèvent des concerts de plaintes et de malédictions contre les oppresseurs.

Mais que faire ?.... Rien n'est prêt pour tenter le grand œuvre de la délivrance ; ni soldats, ni armes, ni marine, ni argent.

Tout cela se trouvera : quand la Providence juge une nation mûre pour l'indépendance, elle crée une intelligence supérieure, à laquelle elle donne la foi profonde, la volonté de fer, l'abnégation grandiose, le courage indompté, le fluide qui magnétise les masses, et elle la jette sur la terre, en lui traçant sa mission ; elle donne le Christ au monde, Jeanne d'Arc à la France, Tell à la Suisse, Garibaldi à l'Italie.

Un jour, quelques centaines d'hommes se réunissent pour passer la mer : — Où vont-ils ces fous ? — Prendre la Sicile au roi de Naples ! — Mais, des vaisseaux ? — Ils s'emparent de ceux d'une Compagnie ! — Mais, des canons ? — L'ennemi en a ! — Mais, des hommes pour résister à une armée nombreuse, disciplinée, aguerrie ? — Garibaldi appellera à lui le peuple sicilien, et le peuple sicilien se lèvera.

En effet, cette poignée d'hommes à peine équipés, mais soutenus par une foi profonde, mais « *armés trois fois*, comme dit Shakespeare, *parce que leur cause est juste* », cette poignée d'hommes traverse la mer sur deux petits navires, débarque à Marsala sous le canon de la flotte napolitaine, combat, remporte des victoires, voit accourir autour d'elle le pays entier soulevé aux noms magiques de patrie et de liberté, lutte contre des armées quatre fois plus nombreuses qu'elle, emporte des villes fortes, des citadelles; en quelques jours elle occupe Palerme, menace Messine, et le roi de Naples en est réduit à demander un armistice.

Si je ne me trompe, Monsieur, voici un résultat qui tient certainement trop du prodige pour qu'il eût pu être accompli sans la coöpération unanime d'un peuple qui a soif de liberté, qui se sent fort, qui se sent digne d'être lui-même, et qui, depuis longtemps, ne cherchait aux horizons qu'un drapeau sous lequel il pût marcher. La Providence lui a envoyé le drapeau, et vous avez vu,—même dans la *Gazette de France*, Monsieur des Baliveaux ! — avec quel ensemble, avec quelle spontanéité ce peuple est venu se ranger sous ses plis. Certainement, les hommes de foi, de dévouement et de courage, qui ont passé la mer avec le général Garibaldi, représentent une force immense, parce qu'outre leur valeur personnelle ils sont la personnification d'une grande et sainte idée; encore, pourtant, n'eussent-ils pas été assez forts à eux seuls pour chasser de Palerme les 25,000 soldats du roi de Naples. Il a bien fallu, — ce dont vous sembliez douter tout-à-l'heure, — que la population fût entraînée, par une communion de pensées et d'aspirations, à partager leurs périls, avec l'espoir de partager aussi la reconnaissance de la patrie.

Maintenant, que cette cause ne soit pas sympathique, vous n'oseriez certainement pas y croire. Si cela était, je n'aurais qu'à vous prier de vous reporter aux époques où la France subissait les injures de l'étranger ; vous êtes trop honnête homme et trop Français pour n'avoir pas épousé toutes les rancunes nationales amassées pendant cette malheureuse période de notre histoire.

— Oui, monsieur; oui, certainement, exclama avec feu M. des Baliveaux ; et j'avoue que j'eusse trouvé bons tous les moyens d'expulser les étrangers, bien qu'ils m'eussent ramené mes princes !

— Confessez donc avec moi que ces pauvres Italiens ont bien le droit de vouloir expulser aussi de leur beau pays, non-seulement le coucou autrichien qui vient s'installer dans leurs nids, mais encore les rois assez abandonnés de la raison et du ciel pour prendre à Vienne la consigne qui doit régir Naples ou Palerme. Et comme cette cause est essentiellement juste, elle est essentiellement cordiale à tous les esprits droits, à tous les cœurs généreux, — à vous même, M. des Baliveaux ! — Si vous désirez, du reste, consulter le baromètre de l'opinion publique en France à cet égard, veuillez prendre la peine de compter combien de milliers de volontaires se sont fait inscrire aux journaux l'*Opinion Nationale* et le *Siècle*.

Voulez-vous une preuve de plus de l'enthousiasme sicilien ? Non-seule-ment les volontaires viennent se ranger par milliers sous l'étendard gari-baldien, les prêtres eux-mêmes, les prêtres, M. des Baliveaux, ont voulu apporter leur contingent à la force militante, et sous l'inspiration du révé-rend Paolo Sardo, ont décidé la création d'un *Bataillon sacré*, composé exclusivement de prêtres siciliens, pour concourir à l'œuvre de rénovation patriotique. Trouvez-vous cette circonstance décisive, et ne pensez-vous pas que ce clergé intelligent et saintement patriote ne donne pas la mesure de l'enthousiasme qu'inspire la cause de Garibaldi ?

Mon vieux voisin fit quelques pas de long en large en méditant pro-fondément ; ses répugnances contre le mouvement italien commençaient, je crois bien, à être fortement amoindries, sinon tout à fait vaincues. Mais il ruminait de nouvelles objections et ne voulait pas s'avouer battu sans résistance.

— Je vous accorde, reprit-il, que le joug de l'étranger est une chose dégradante, insupportable, et qu'il est légitime de chercher à s'y sous-traire ; j'admets, jusqu'à un certain point, qu'un roi qui fait fausse voie et qui ne rend pas son peuple heureux reçoive des conseils, et même qu'on le force un peu à les suivre ; mais savez-vous que les Italiens pourraient bien perdre au change en se dérobant à l'Autriche ; je me suis laissé dire, par cent personnes fort dignes de confiance, que le gouvernement de l'Empereur d'Autriche est paternel, en somme, et que le royaume Lom-bardo-Vénitien a toujours été fort bien traité en matière d'impôts. Quant à François II, s'il a fait des fautes, je vous ferai remarquer qu'il a octroyé une Constitution à son peuple et que le drapeau italien flotte sur le fort Saint-Elme.

— Il y a lieu de croire, en effet, répondis-je à M. des Baliveaux, que le jeune empereur d'Autriche a les meilleures intentions du monde, et je veux bien admettre que son gouvernement est excessivement paternel... en Autriche !... Car je n'ai jamais entendu dire que les relations de ses lieu-tenants avec les populations lombardo-vénitiennes aient été marquées au sceau de la plus charmante aménité ni de la justice la plus absolue ; j'adres-serai même à ce gouvernement le reproche d'avoir fait preuve, en mainte circonstance, d'une brutalité, d'une cruauté qui, à l'époque ou se passèrent les événements auxquels je fais allusion, émurent tout le monde civilisé. Veuillez vous rappeler la conspiration des moustaches et les quelques troubles si violemment réprimés. Mais quand il serait avéré que les Au-trichiens ont toutes les raisons du monde, et beaucoup d'autres encore, pour être adorés des esprits impartiaux, ce ne serait pas encore un motif pour qu'ils fussent adorés en Italie, sur un terrain où se trouvent en pré-sence deux races rivales, ennemies nées : la race germanique conquérante et la race latine conquise.

Et maintenant, si doré que vous semble le collier, il ne sera jamais qu'un motif à attacher une chaîne, et les Italiens, qui constatent depuis

longtemps cette vérité, ont pu méditer et s'appliquer les réflexions que
fait, à ce sujet, le loup de votre fabuliste aimé :

Je ne voudrais pas même, à ce prix, d'un trésor.

Pour revenir à François II, je m'en réfère au portrait très véridique que
je vous ai esquissé plus haut, et je m'en tiens à la flétrissure que lui a in-
fligée l'opinion publique en le faisant hériter du nom odieux appliqué à
son père; du reste, jaloux sans doute de tenir les promesses du baptême,
il a justifié son nom en bombardant Palerme, et en l'ensevelissant sous
des monceaux de ruines.

Il a octroyé une constitution, dites-vous !... Mais pensez-vous que son
peuple ne sache pas à quoi s'en tenir à propos de ce billet de la Châtre que
les Bourbons de Naples appellent une constitution !... Il fait flotter le
drapeau italien sur le fort Saint-Elme?... Jusqu'au jour où, assez fort
pour mépriser l'opinion, il le fera honteusement amener. Sa constitution,
personne n'en veut, personne n'y croit, personne ne s'en soucie; ses actes
sont aujourd'hui quelque chose comme ces décrets, ces nominations adres-
sés de l'exil par le comte de Montemolin. François II est condamné ; il a
régné.

Quelle place, je vous le demande, lui assigner dans la grande résur-
rection italienne? Supposons une confédération? Mais alors, dévoué à
l'Autriche, il pèsera de toute son influence en sa faveur à la Diète, et l'Italie sera plus autrichienne que jamais ; ce n'est pas dans ce but que les
populations versent leur sang aujourd'hui. Supposez l'unité, ce n'est certainement pas autour de son trône que graviteront les membres dispersés
de la famille italienne. Par conséquent il faut qu'il disparaisse; il est fata-
lement condamné; qu'il emploie toutes les ressources de la diplomatie à
prolonger de quelques mois son agonie, il n'échappera pas à son sort écrit
en gros caractères sur les murs de Palerme et de Messine.

—Mais enfin, diable d'homme ! reprit mon interlocuteur, où voulez-
vous en venir, lorsque vous aurez détrôné le roi de Naples ?

—A l'unité italienne, parbleu ! à la fondation d'un grand et puissant
royaume qui vivra de sa vie propre et qui, de par les ambitions et les
rivalités de toutes les puissances qui s'en sont adjugé un lambeau, ne soit
plus le théâtre continuel de leurs luttes. Il y a assez longtemps que les
champs italiens sont labourés bien plus par les boulets que par le soc des
charrues! Vous concevrez que les populations aient assez de cette existence
précaire et troublée !...

— Pourquoi ne voulez-vous pas alors d'une fédération qui, d'ailleurs,
avait été proposée par l'Empereur à Villafranca?

— A l'époque de cette paix, la fédération était encore possible. Mais les
évènements se sont pressés et ont rendu dérisoire l'application de cette

clause. En effet, suivant le programme de la paix, les duchés demeuraient dans le *statu quo*, c'est-à-dire avec leurs souverains. Une diète étant établie, il était possible que, grâce au nombre des États qui s'y faisaient représenter, l'élément italien obtînt une majorité ou pût au moins se pondérer avec l'élément autrichien. Seulement, après les faits accomplis des populations de ces principautés, il ne reste plus aujourd'hui que quatre puissances en Italie, c'est-à-dire quatre voix à la diète :

1°· Le roi de Piémont, qui seul représente les aspirations italiennes ;

2° L'empereur d'Autriche, possesseur de la Vénétie, et qui a bien quelques revanches à prendre contre ledit Piémont.

3° Le Pape, qui a commencé par être le souverain le plus libéral de l'Italie, et qui depuis…. Que Dieu pardonne au cardinal Antonelli !

4° Enfin, le roi de Naples, à présent sur la sellette.

Pensez-vous de bonne foi qu'une diète ainsi composée, dans laquelle, en somme, l'élément véritablement, cordialement italien, est représenté par une unité, soit bien le but poursuivi par ces hommes qui prodiguent leur sang pour reconquérir une patrie ?… Ne voyez-vous pas que la pression de l'Autriche s'exercerait victorieusement sur toutes les parties délibérantes, et qu'il ne sortirait des séances de la diète que des mesures tendant à reconstituer, sur les bases les plus solides, ces gouvernements absolus contre lesquels on combat ? Et le cas serait bien plus grave alors qu'à présent. Une fédération, c'est un pacte conclu non-seulement entre les parties diverses d'un tout, mais encore contresigné par toutes les puissances européennes, prenant dès-lors force de loi et garanti par toutes comme un contrat qui règle à nouveau l'équilibre général.

Que les Italiens trouvent que leurs intérêts ne sont pas sauvegardés à la diète, et, ce qui serait certain, qu'on s'occupe beaucoup plus de fortifier les princes contre leurs sujets que d'assurer le bonheur des sujets, quelle ne serait pas l'inutilité de leurs efforts pour établir un ordre de choses meilleur, alors que toute l'Europe aurait participé à la création de celui existant et garanti sa durée ? Évidemment l'amour-propre d'auteur imposerait aux Puissances une loi de défendre leur œuvre. Et les peuples, après avoir prodigué leur sang et leurs trésors, au lieu d'avoir avancé d'un pouce sur la route de la liberté, ce but suprême des civilisations, n'auraient fait que s'embourber un peu plus dans l'ornière du passé.

Non ! l'Italie a trouvé sa véritable voie, et la devise inscrite sur les drapeaux de Garibaldi est bien la devise de tous ceux qui rêvent une Italie grande, forte, régénérée. L'unité, voilà la solution du difficile problème si longtemps cherché. La France et l'Angleterre ont adopté la seule ligne de conduite juste et rationnelle : la non-intervention. Les Italiens se montrent tous les jours de plus en plus dignes de la grande place qu'ils sont en train de se tailler à coups de dévouement, de foi et de courage, dans la famille européenne ; laissons-les faire, ils seront bien plus fiers de leurs droits nouveaux, avec la conscience qu'aucûne main étrangère ne les a aidés à les conquérir !

La réunion autour du trône de Victor-Emmanuel est aujourd'hui la seule transition possible, parce que c'est elle qu'accueille et souhaite le plus grand nombre. Si désirable que soit l'état de république, il est évident que cette forme de gouvernement ne réunit pas la majorité des suffrages. Beaucoup la redoutent, beaucoup se défient des utopies, beaucoup plus n'accordent pas leur confiance aux hommes qui portent ce drapeau.

Victor-Emmanuel, au contraire, a conquis l'estime et la confiance universelles. Il a été le premier des Italiens et il a héroïquement combattu pour la terre native. Non-seulement il s'est montré brave sur les champs de bataille, mais encore on l'a vu sage dans les conseils, aussi grand politique que vaillant soldat ; il a été fidèle à son programme, et tous savent que sa vie entière, il l'a offerte à son pays . « Tout pour l'Italie ! » disait Charles-Albert. Bientôt on pourra dire aussi : « Tout par l'Italie ! »

Il est donc bien naturel que ce soit autour de ce roi galant homme que gravitent toutes les provinces délivrées qui cherchent une main forte, un esprit éclairé, un dévouement paternel pour les initier à la sage jouissance de la liberté et les conduire dans les bons sentiers de la vie politique.

Victor-Emmanuel est le seul qui rallie aujourd'hui toutes les nuances, toutes les opinions.

— Oui, oui, toutes les opinions, grommela M. des Baliveaux, qui crut avoir trouvé un joint ; eh bien ! je souhaite du plaisir à qui voudra atteindre ce but en Italie : concilier toutes les opinions. Tout le monde proclame son opinion qui diffère de point en point de celle de son voisin ; il y a les unitaristes, les fédéralistes, les mazziniens, que sais-je ! mille nuances de religions politiques après lesquelles viendront les mille autres rivalités de clochers, en sorte que ce serait une entreprise de Titan que de vouloir mettre de l'ordre dans le chaos.

— Vous vous trompez, mon cher monsieur des Baliveaux ; il n'y a aujourd'hui que des Italiens et qu'une opinion : la liberté de l'Italie. Tous les partis ont senti qu'en présence d'une reconstitution, il fallait que toutes les ambitions mesquines, toutes les divergences d'opinions disparussent pour concourir à l'effort commun. Quand le résultat sera obtenu, on n'aura pas non plus à redouter les luttes des partis rivaux, parce que les Italiens auront inauguré chez eux cette grande force, la seule vraie, la seule rationnelle, que nous avons inaugurée chez nous : le suffrage universel ; lorsque la voix de la nation aura parlé, les minorités jalouses devront bien se taire.

Quant aux animosités municipales, pouvez-vous bien supposer qu'une nation qui a passé par les dures épreuves dont ces rivalités ont le plus souvent été la cause, soit tentée d'y revenir? Le jour s'est fait dans son esprit; elle a dépouillé les vieilles habitudes, abjuré les anciennes rancunes, éprouvé la viduité des orgueils ridicules; elle n'aura pas trop de toutes ses forces pour travailler à l'établissement de sa nationalité. Il ne lui resterait plus de temps pour ces luttes communales. Et d'ailleurs, quand tous ces intérêts, autrefois divisés, auront un centre unique d'action; quand les mesures économiques ou politiques s'adresseront aussi bien à Parme qu'à Plaisance, à Florence qu'à Turin, que pourraient devenir, je vous prie, les mesquines rivalités de clocher à clocher? N'oublions donc pas que cette nation italienne, à la sagesse de laquelle il était de tradition de ne pas croire, a agi de telle sorte depuis un an, que toutes nos notions à son endroit se trouvent bouleversées, et que rien de ce qui est grand et noble ne lui est étranger. Laissons donc dans le coin des préjugés abolis cette croyance aux enfantillages politiques de l'Italie; cela est tout à fait hors de saison aujourd'hui.

— Allons, je vois que vous êtes tout à fait convaincu, ajouta M. des Baliveaux, et j'avoue que vous avez ébranlé par le raisonnement plus d'une de mes croyances. Seulement...

— Ah! il y a un seulement?

— Oui. Je pense qu'il est impolitique à nous de laisser se fonder à nos portes un État aussi puissant qui peut devenir notre ennemi.

— Je ne comprends guère cette politique timorée; mais enfin m'est avis que nous avons pris nos précautions à l'endroit des frontières.

Puis quelle probabilité voyez-vous à ce qu'une contrée pour laquelle nous avons fait tant de sacrifices et à laquelle nous témoignons tant de chaudes sympathies, devienne notre ennemie? N'est-elle pas bien plutôt une barrière infranchissable placée entre nous et l'Autriche, que je ne sens pas précisément notre amie bien dévouée?

Je vois dans la constitution de cet État, au contraire, une condition d'équilibre européen des plus rassurantes, et mille probabilités de plus au maintien de la paix universelle!

— Allons, tant mieux, je veux bien vous croire, dit M. des Baliveaux. Ainsi vous en concluez?...

— Que le mouvement italien est légitime, parce qu'il est l'effet naturel d'attraction de races semblables créées pour être réunies, lesquelles ont le droit immuable de se placer dans les conditions où la Providence les avait primitivement créées, et dont des événements illégaux, l'oppression du faible par le fort, les ont violemment fait sortir ;

Que ce grand élan de patriotisme, cette admirable révélation de la nation italienne mérite les encouragements, je dirai même le secours du monde entier ;   ·

Que le but poursuivi, l'unité, est le seul juste, le seul sage, le seul fécond dans l'avenir ;

Que la création de la grande nat'on italienne, au lieu d'être un danger pour l'équilibre européen en général, et pour la France en particulier, présente au contraire la garantie la plus certaine de la paix universelle, et, au jour du danger, nous promet un allié puissant qui ne se fera pas faute de payer la dette de sang qu'il a contractée envers nous sur les champs de la Lombardie ; ·

Enfin, que Garibaldi et ses héroïques volontaires ont bien mérité de l'Italie, du monde, de la cause du progrès et de la civilisation !

— Allons ! si vous rêvez, jeunes gens, au moins faites-vous des rêves généreux ! dit soudain M. des Baliveaux en me serrant la main. Cette génération a le diable au cœur, ajouta-t-il en *a parte* en reprenant sa promenade ; nous avions, nous, le diable au corps ! Tout change ; mais ils me ragaillardissent, ces petits idéologues qui nient le pape et croient à Dieu, — à l'amour universel, à la régénération des peuples, à des billevesées, sans doute, mais toutes chaudes et toutes bouillantes.

A propos, continua-t-il, en revenant sur ses pas après réflexion, et Sa Sainteté, qu'en allez-vous faire ? Si vous ne croyez pas à la nécessité d'un pouvoir temporel pour une suprématie religieuse, vous respectez, je suppose, l'héritier de saint Pierre et le vicaire du Christ, — et vous n'allez pas me loger au cinquième étage au-dessus de l'entresol la puissance créatrice des sociétés civilisées ?

— On l'a dit bien avant moi, il reste la ville éternelle pour métropole au christianisme ; il reste la vénération de tous ; il reste le monde spirituel qui n'a pas de bornes.

— Ta, ta, ta ! je vous entends de reste. — Et l'empereur d'Autriche ?

— Ah ! ma foi, vous m'en demandez trop. La Vénétie épuisée coûte plus qu'elle ne rapporte ; on peut s'arranger. D'ailleurs, je ne suis pas dans les secrets de la Providence.

— Moi non plus, conclut M. des Baliveaux en me tendant sa tabatière en écaille. Et vous êtes bien sûr que ce Garibaldi est doux comme un agneau ?

— Je crois vous l'avoir démontré.

— On démontre tant de choses ! ça n'est pas une raison. Mais l'Italie est un noble pays. Du temps de la princesse Borghèse, j'ai cueilli de beaux citrons là-bas.

— Nous en cueillerons d'autres l'année prochaine, sous un ciel libre, en plein soleil, et vous rajeunirez, voisin !

— *Per Bacco!* j'en accepte l'augure! Vive l'Italie!... vive...

Le bonhomme s'arrêta brusquement.

— Vous êtes un petit serpent! fit-il en souriant de son bon scurire indulgent et brave.

— Je vous vends le citron du paradis italien. Je suis la tradition, écoutez donc!

— Aussi, j'ai bavardé comme Ève-la-blonde. Bonsoir, voisin.

— Voisin, bonsoir. Vive!...

— Chut! chut! chut! chut!

PARIS. — IMPRIMERIE DE DUBUISSON ET Cᵉ, RUE COQ-HÉRON, 5. — (954).

www.ingramcontent.com/pod-product-compliance
Lightning Source LLC
LaVergne TN
LVHW012320050726
842524LV00004B/1521